二十四式太极拳

名师精讲

宗维洁 编著

北京体育大学出版社

策划编辑：佟　晖
责任编辑：吴海燕
责任校对：韩培付
版式设计：谭德毅

图书在版编目（CIP）数据

名师精讲二十四式太极拳 / 宗维洁编著. -- 北京：北京体育大学出版社, 2021.4
ISBN 978-7-5644-3189-1

Ⅰ. ① 名… Ⅱ. ① 宗… Ⅲ. ① 太极拳—基本知识 Ⅳ. ① G852.11

中国版本图书馆CIP数据核字（2019）第139224号

名师精讲二十四式太极拳
MINGSHI JINGJIANG ERSHISI SHI TAIJIQUAN
宗维洁　编著

出版发行：北京体育大学出版社
地　　址：北京市海淀区农大南路1号院2号楼2层办公B-212
邮　　编：100084
网　　址：http://cbs.bsu.edu.cn
发 行 部：010-62989320
邮 购 部：北京体育大学出版社读者服务部 010-62989432
印　　刷：北京瑞禾彩色印刷有限公司
开　　本：710mm × 1000mm　1/16
成品尺寸：170mm × 240mm
印　　张：8
字　　数：132千字
版　　次：2021年4月第1版第1次印刷
印　　次：2021年4月第1次印刷
定　　价：42.00元

目 录

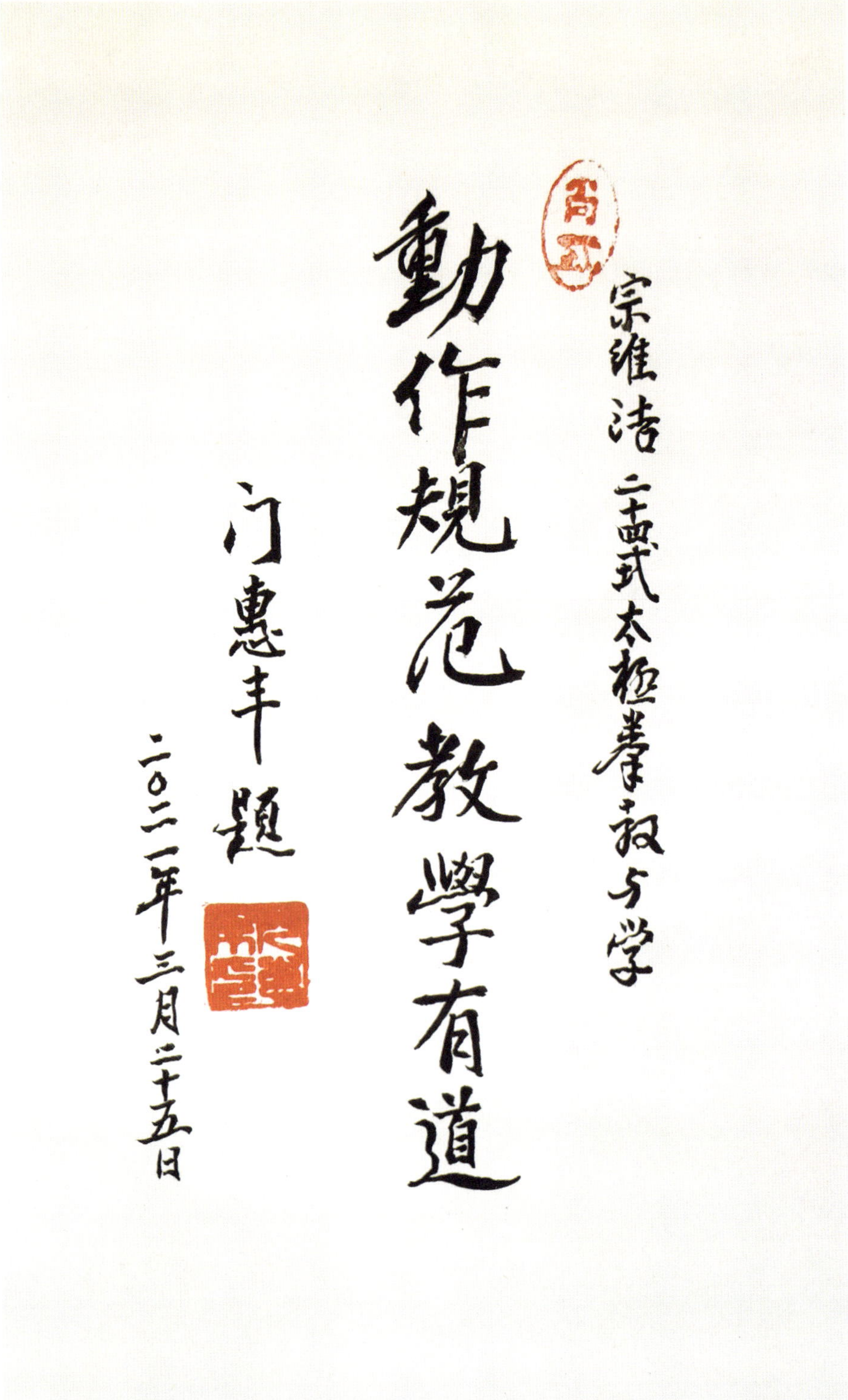

中国武术协会副主席门惠丰题词

宗维洁与门惠丰老师合影

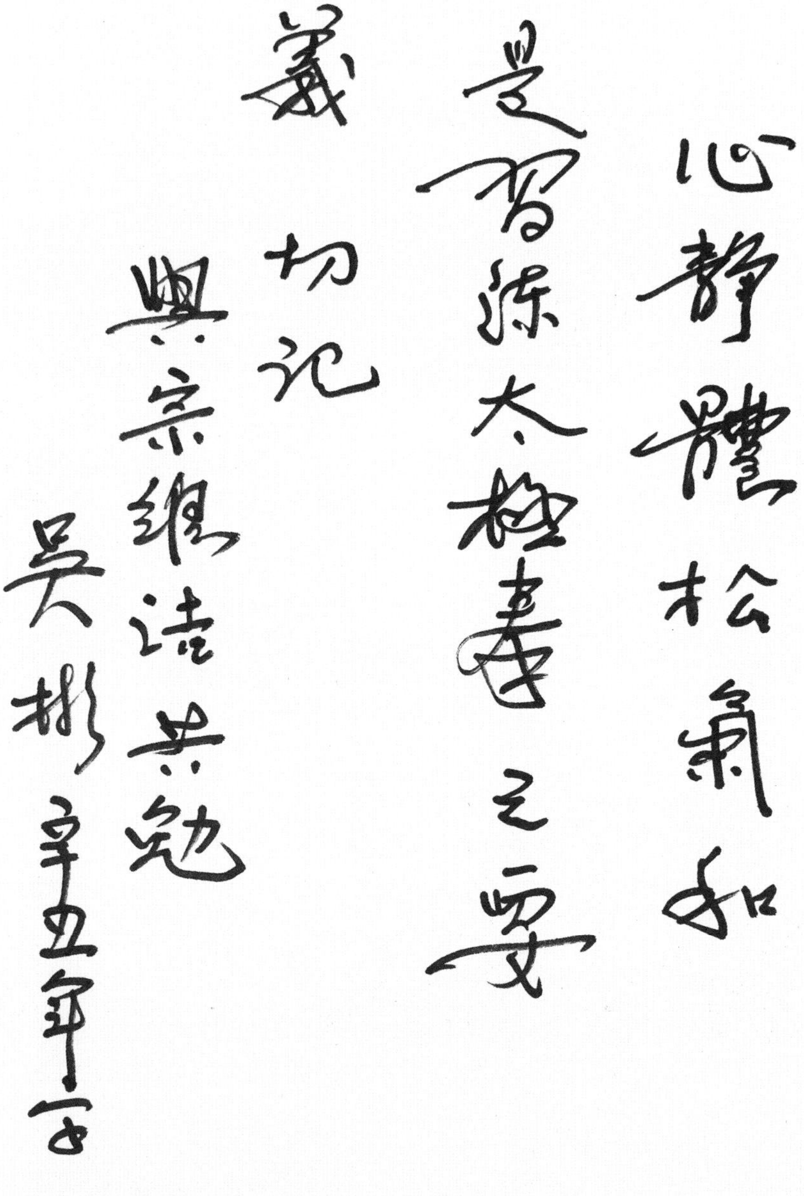

中国武术协会副主席吴斌题词

宗维洁与吴斌老师合影

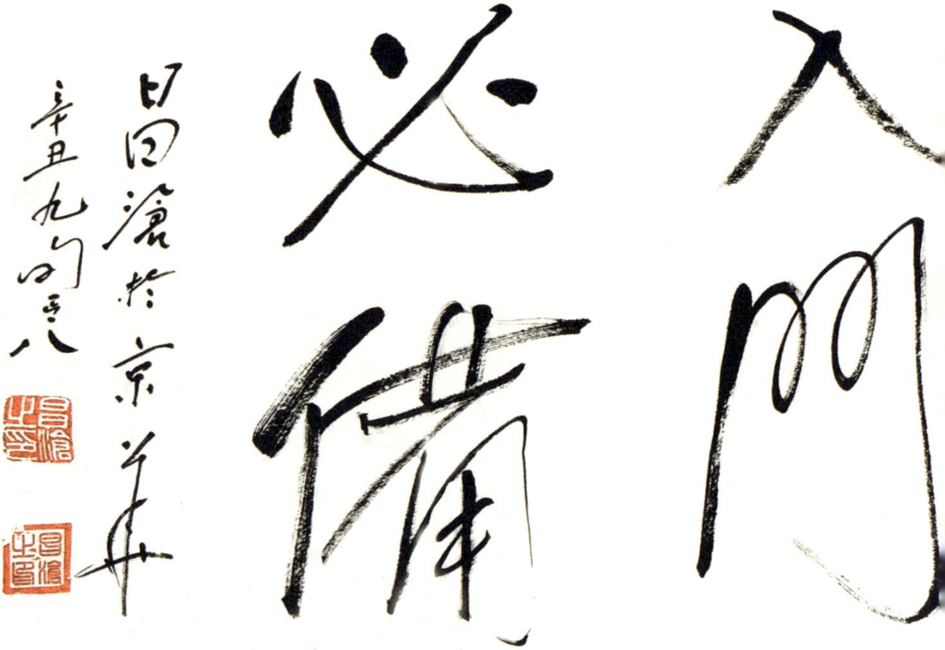

宗维洁与昌沧老师合影

《中华武术》创刊主编昌沧题词

发展太极拳运动

传播中华优秀文化

马学智

北京体育大学中国武术学院院长马学智题词

马学智

前　言

文化底蕴深厚的太极拳在我国乃至世界各地都有着广泛的群众基础。《24式太极拳》是1956年国家主管部门审定出版的第一部武术教材。这套太极拳在保留了传统杨式太极拳风格特点的基础上，在套路编排上去掉重复性动作，在练习时间上精减至4~6分钟，更适合大众练习，因此，一经问世便受到大众的青睐。

本人是北京体育大学中国武术学院教师，自幼师从太极拳名家李秉慈老师，深深地体会到太极拳在健身、养生方面带给人们的诸多益处。同时，本人在近30年的太极拳教学中，发现很多习练者由于经常做出错误动作，自己却不知道，从而形成了错误的动作定型，导致身体不同部位受到损伤，尤以膝关节为多。因此，本人想将自己40多年练习太极拳的经验和体会与大家分享，并总结出在练习24式太极拳时容易出现的错误动作及纠正方法，希望对习练者有所帮助。

作者简介

宗维洁，北京体育大学中国武术学院武术套路教研室副教授、硕士生导师、全国女子吴式太极拳连续六届冠军、第五届世界传统拳锦标赛女子吴式太极拳冠军、吴式太极拳第五代传人、武术七段。

自幼师从形意拳名家骆大成老师学习形意拳，跟随吴式太极拳名家、中华武林百杰之一、吴式太极拳第四代传人李秉慈老师学习吴式太极拳，跟随八卦掌名家刘敬儒老师学习八卦掌，跟随王世祥老师学习形意拳、八卦掌。

1989 年考入北京体育学院（现北京体育大学），跟随张文广、门惠丰、阚桂香老师学习各式太极拳。1993 年毕业，留在北京体育大学任教至今。

二十多年来，每年应全日本太极拳大会的邀请，赴日进行太极拳的表演、讲学交流活动。其间还出访过马耳他、法国、德国 、比利时、爱沙尼亚、芬兰、波兰等国进行讲学交流活动。

出版书籍：《吴式太极拳》《杨式太极拳》《32 式太极拳》《形意拳》《八卦掌》《一段太极拳》《二段太极拳》。

出版光盘：《传统吴式八十三式太极拳》《四十五式吴式太极拳》《二十四式简化太极拳》《十六式太极拳》《十六式太极剑》《三十二式太极拳》《八十一式杨式太极拳》《杨式太极拳四十式》等。

2019 年，作为主讲教师在中国大学慕课平台上线了 24 式太极拳课程。

2021 年，在国家体育总局武术运动管理中心开办的“中华武术网络大讲堂”中主讲 24 式太极拳和吴式太极拳竞赛套路，并在同一机构开办的“上合组织武术训练营”中主讲八卦掌。

第一章
二十四式太极拳概述

第一节　二十四式太极拳简介

二十四式太极拳也叫简化太极拳，是目前世界上流传比较广泛的太极拳套路。早在 1955 年，经多名专家研究，从大众健身、易学、易练、易记、由简到繁的角度出发，选择传播范围和适应人群最广的传统杨式太极拳套路中的主要练习内容，在保留传统太极拳风格特点的前提下，对动作进行重新编排，去掉了原套路中过多的重复动作，集中了原套路中的主要技术结构，降低了原套路中动作的运动强度，创编了一套运动强度适中、易于普及推广的简化太极拳。这就是 1956 年由国家审定出版的第一部武术教材——《简化太极拳》。这个套路共分为 8 组，包括“起势”“收势”在内的共 24 个动作。在练习此套路时，可以结合二十四式太极拳的套路动作和专门为二十四式太极拳所配的音乐一起练习。

第二节　太极拳的运动特点

各派太极拳虽然在动作、风格等方面各成一体，但是它们却有着共同的运动特点。

一、心静体松，呼吸自然

练习太极拳时，要求在思想上排除杂念，做到身体和心灵的放松，不要刻意地进行呼吸引导，要做到自然呼吸，气沉丹田。

二、动作弧形，虚实分明

在太极拳动作运行过程中，弧形运动路线较多，这当然不是绝对的，而是相对而言的。每个动作都分虚实，动作运行中要以实送虚，使虚变实。

三、上下相随，圆活完整

太极拳动作运行过程中要求上下肢协调，上下肢动作不要分家，同时完成一个动作，做到“一动无有不动”，动作连贯完整。

四、均匀连贯，衔接合顺

在进行太极拳动作练习时，练习速度应均匀，练习者对肌肉收缩和放松时的把控能力要强。动作与动作之间的连接部分要做到连绵不断，第一个动作的末尾即是第二个动作的开始，衔接要合顺。

五、轻灵沉稳，刚柔相济

在进行太极拳动作练习时，要做到“迈步如猫行”，练习者对腿部肌群的控制要做到收放自如，脚抬起时轻灵，落地时沉稳，做到“运劲如抽丝”，松沉圆活，富有弹性。太极拳动作看似阴柔，实则柔中带刚，刚中寓柔。

第三节　太极拳的健身作用

众所周知，太极拳运动具有健体、养生、防病、治病的作用。那么，它对人体具有哪些影响呢？下面让我们来了解一下。

一、练习太极拳对神经系统的影响

我们都知道，神经系统，尤其是它的高级部分是调节与支配所有系统与器官活动的枢纽。人类依靠神经系统的活动（通过条件反射与非条件反射），以适应并改造外界的环境，同时使体内各个系统与器官的机能活动按照需要统一起来。因此，任何一种锻炼方法，如果能增强中枢神经系统的机能，对全身来说就有很好的保健意义，太极拳的优越之处就在于此。

练习太极拳时要求做到“心静”，注意力集中，并且讲究“用意”，这些都对大脑活动有良好的训练作用。练习太极拳动作时需要“完整一气”，从眼神到上肢、躯干、下肢，同时完成一个动作，上下照顾毫不散乱，前后连贯，连绵不断。同时，由于动作的某些部分比较复杂，需要有良好的支配和平衡能力，因此需要大脑在紧张的活动下完成，这也间接地对中枢神经系统起到训练的作用，从而提高了中枢神经系统的紧张度，活跃了其他系统与器官的机能，增强了大脑的调节功能。

二、练习太极拳对心血管系统及呼吸系统的影响

太极拳对心血管系统的影响是在中枢神经活动支配下发生的，就太极拳动作的组成来说，它包括肌肉、关节的活动，也包括有节律的呼吸运动，特别是横膈运动。因此，它能加强血液及淋巴的循环，是改善气滞血瘀的良好方法。

我们都知道，全身各部骨骼肌周期性的收缩与舒张，可以加强静脉的血液循环，肌肉的活动保证了静脉血液回流及向右心室充盈必要的静脉压力。呼吸运动同样也能加速静脉血的回流。例如，吸气时胸廓的容积增大，内部的负压增高，上下腔静脉的压力减低，静脉血回流加速，这一点在练习太极拳的过程中表现得非常明显。

练习太极拳时，要求气沉丹田。所谓“气沉丹田”，就是一种横膈式呼吸，即腹式呼吸，它在医疗和保健上都有作用。膈肌与腹肌的收缩和舒张，使腹压不断改变。腹压增高时，腹腔的静脉受到压力的作用，把血液输入右心房，相反，当腹压降低时，血液则向腹腔输入。这样，呼吸运动就可以改善血液循环，加强心肌的营养。此外，横膈的运动又可以给肝脏以规律性的按摩，是消除肝脏淤血、改善肝脏功能的良好方法。

经常练习太极拳，对预防各种心脏疾病及动脉硬化有很大的帮助。经调查证实，经常练习太极拳对心血管系统有积极影响。不仅如此，经常练习太极拳，还能提高中枢神经系统的调节机能，改善体内各器官之间的协调活动，使迷走神经紧张度增高，各器官组织的供血、供氧充分，物质代谢也能得到改善。因此，经常练习太极拳的人发生高血压及动脉粥样硬化的较少。

经常练习太极拳，对保持肺组织的弹性、胸廓活动度（预防肋软骨骨化）、肺的通气功能及氧与二氧化碳的代谢功能都有很好的作用。这是因为经常练习太极拳，胸部呼吸肌及膈肌有力量，肺组织的弹性好，肋软骨骨化率低。太极拳深、长、细、匀的呼吸和腹肌膈肌活动，既能增加通气功能，又能通过腹压有节律的改变使血流加速，增进肺泡的换气功能。

三、练习太极拳对骨骼、肌肉及关节活动的影响

练习太极拳时，腰部尤其重要，如要求“含胸、拔背、松腰”“腰脊为第一主宰”等，说明太极拳与腰部活动有着密切联系。经常练习太极拳，对保持脊柱的正常形态有良好的作用。老年性骨质疏松是一种衰老的退行性变化，其

原因主要是骨组织中成骨细胞不活跃，不能产生骨的蛋白基质，致使骨生成少，吸收多，骨质变松。骨质疏松容易导致骨质变形，关节活动不灵活。通过 X 线摄影检查发现，经常练习太极拳的老人与不练习太极拳的老人相比，骨质疏松的发生率较低。这是由于在练习太极拳时，要求动作连贯、圆活、周身节节贯穿，因此练习太极拳有一定的防衰老作用。

四、练习太极拳对消化系统的影响

由于太极拳对神经系统有一定的调节作用，因而它可以改善其他系统的机能，可以预防并治疗某些因神经系统机能紊乱而产生的消化系统的疾病。此外，呼吸运动对胃肠道起着机械刺激的作用，也能改善消化道的血液循环，促进消化，预防便秘。

第二章
二十四式太极拳教学方法

第一节　二十四式太极拳的教学阶段

根据人的认识规律——由易到难、由浅入深、循序渐进，以及太极拳套路技术动作的特点，将太极拳技术教学分为三个阶段。

第一阶段：主要进行太极拳的基本功、基本动作、基本组合和基础套路的教学。要求练习者学会动作，明确规格，掌握练习方法，发展太极拳项目的身体素质，提高身体适应太极拳套路教学训练的能力。

第二阶段：巩固第一阶段教学内容，要求掌握太极拳的技术特点与技术风格。

第三阶段：进一步巩固与提高太极拳套路的演练技巧和动作质量，根据练习者的身体素质与技术特点，形成个人技术特长与风格。

第二节　二十四式太极拳的教学步骤

简化太极拳由 24 个动作组成，每个动作都包含运动方向、运动路线、架势结构、劲力方法、心志意向、节奏神韵等要素。在教学中应根据技术动作的要素，按照动作技能形成的生理学规律，让初学者分步分层地学习，初步掌握技术动作，应遵循以下教学步骤。

第一步：主要任务是使学生掌握太极拳动作的运动方向、运动路线。教师通过正确的示范和要领简介，使学生掌握动作的方向、路线。对于动作姿势可做一般的要求，否则易引起学生的疲劳，分散学生对方向、路线的注意力，从而降低学习效率，影响教学任务的完成。

第二步：主要任务是使学生完成太极拳动作姿势的学习，达到准确与工整。在学生掌握了动作的方向、路线之后，教师要按照动作示范的正常速度进行正确的示范，并组织学生反复练习，不断纠正错误动作，严格要求，强调动作细节，克服紧张、僵硬、不协调等反应，使正确的动作逐步成型。

第三步：主要任务是使学生连贯完整地完成动作。教师要根据二十四式太极拳套路的节奏进行正确连贯的完整示范，使学生明确动作之间衔接的技巧与方法，并严格地组织练习，强调动作协调、完整统一、用力顺达。

第四步：主要任务是使学生掌握二十四式太极拳动作的特点与演练风格，通过教师对动作的性质、劲力、节奏的分析，进一步讲解精神、意气与形体动作的结合，在教师的指导下，使学生体会“形神兼备”“内外合一”的演练技巧，掌握二十四式太极拳的特点与技术风格。

第五步：主要任务是通过训练继续巩固与提高。这一步要求教师认真组织学生训练，将前四个步骤掌握的动作技术进行巩固与提高，使学生在纠正错误动作的同时巩固正确的动力定型，做到意动身随，动作连绵不断，演练起来犹如行云流水的效果。

第三节 二十四式太极拳的教学方法

二十四式太极拳的教学方法包括直观教学法、完整与分解教学法、语言教学法、预防与纠正错误教学法、练习教学法和比赛教学法。

一、直观教学法

1. 动作示范

太极拳的动作示范是直观教学法中最基本、最常用的一种方法。它以准确的动作为范例，使学生能够直观地了解太极拳动作的形象、结构、要领和方法。但是，示范动作时要注意以下问题。

（1）示范位置的选择：教师示范位置的选择要以全体学生便于观察为主要依据；

（2）示范面的运用：根据动作的难易、繁简程度不同，选择不同的示范面；

（3）领做示范：学习新动作时要求教师一定要领做示范；

（4）示范与讲解结合运用：示范与讲解结合，可以使学生直观地模仿动作，而且可以通过语言刺激，让学生进一步明确动作要领，体脑并用，提高教学效果。

2. 多媒体教学

现阶段太极拳教学中采用多媒体教学方法较多，多数多媒体教学采用录像式的讲解与示范相结合的教学方法。

二、完整与分解教学法

太极拳套路是由单个动作组成的，每个动作难易程度不一，因此较复杂的太极拳动作教学时常用完整与分解教学法进行教学。

1. 完整教学法

完整教学法可以使学生了解动作的全貌，形成完整的概念，因而它是太极拳教学的主要教学方法。以下情况适宜使用完整教学法。

（1）教授结构简单和难度不大的动作；

（2）对有一定专业基础的学生进行教学。

2. 分解教学法

分解教学法是将完整的单个动作合理地分解成两个或两个以上的部分进行教学的一种方法。以下情况适宜使用分解教学法。

（1）教授结构和方向路线较复杂的动作；

（2）教授攻防因素较多的动作；

（3）教授富于顿挫、节奏变化较强的动作。

三、语言教学法

正确地运用语言对太极拳动作进行讲解、启发和提示，能使学生明确任务，端正学习态度，启发学生积极思维。因此，语言教学法对于正确理解动作、快速掌握技术要领、培养学生分析问题与解决问题的能力，以及完成教学任务具有十分重要的意义。

1. 讲解

讲解要有明确的目的，要通俗易懂、简明扼要、具有启发性。教学中一般需要讲解的内容如下。

（1）讲解动作的规格与要求；

（2）讲解动作的基本规律；

（3）讲解动作的易犯错误；

（4）讲解动作的关键环节；

（5）讲解动作的攻防含义。

2. 口令的运用

在太极拳教学中，口令的运用非常重要。口令一般有以下几种。

（1）常用口令；

（2）分解动作的口令；

（3）提示性口令；

（4）综合性口令。

四、预防与纠正错误教学法

学生在学习和掌握太极拳动作的过程中会出现各种错误，教师应及时发现错误并提出纠正错误的方法。一般应注意以下几点。

（1）由于学生接受能力和协调性差而出现错误时，教师应耐心地采用分解动作、慢速示范、多领做等方法进行纠正；

（2）学生由于肌肉本体感觉差，不能控制动作而出现错误时，教师可以强调规格与要求，用站桩式的练习、助力与阻力和定向直观法来帮助纠正；

（3）学生由于身体素质差而不能完成动作时，教师不能因急躁而打击学生的学习积极性，应采用相应的措施，使学生逐步地完成动作；

（4）学生由于心理原因而做不好动作时，教师应做好思想工作，逐步加大难度，让学生克服畏难情绪，逐步纠正动作中的错误；

（5）学生由于不理解动作性质和作用而出现错误时，教师可根据动作的性质，讲解动作的攻防含义来诱导和启发，帮助纠正动作。

纠正错误动作时，教师要善于抓住共性错误，组织学生集体会诊，启发学生分析错误的因果关系，以点带面地解决普遍存在的问题。

五、练习教学法

在太极拳教学中，采用练习教学法可以帮助学生迅速、正确地掌握动作。教师有针对性地选择练习方法，通过学生亲身实践，逐步纠正错误动作，巩固提高所学的知识与技能，形成正确的动力定型，对完成教学任务具有重要意义。常用的练习方法有以下几种。

1. 重复练习法

重复练习法是指在太极拳教学中，将单个动作、组合动作、分段动作、整套动作重复练习的方法。

2. 变换练习法

变换练习法是指在变换的条件下进行练习的方法。根据学生任务的需要，变换运动负荷、环境、场地、器材等。

3. 综合练习法

综合练习法是指综合运用某些练习法的特点而组成的练习方法。应根据教学任务的需要，注意使练习手段、练习量和强度、练习间隙及练习程序的安排符合教学要求。练习一般采取以下组织形式：个人练习、分组练习、集体练习。

六、比赛教学法

在太极拳教学的不同阶段，根据教学任务与要求，以及学生的实际情况，制定教学比赛的标准与要求，采用个人比赛、分组比赛、分组推选代表比赛等形式。学生在这种具有竞争因素、心理紧张的情况下完成动作，能最大限度地调动机体的机能，有效地提高身体素质，提高套路演练的水平和对比赛的适应能力。

第三章
二十四式太极拳技术

（内附二维码，扫描可观看教学视频）

第一节　二十四式太极拳基本技术

一、太极拳对身型的要求

（1）头部、颈部自然竖直，下颌微收，头顶微有向上顶悬的意念形成悬顶，又称“虚灵顶劲”，这有利于颈部的牵拉拔长，有利于做到立身中正。

（2）两肩保持松沉，不可上耸，更不可过度含胸，胸部微松含即可，这样做有利于劲力顺达梢节。

（3）肘部保持自然弯曲，肘尖有自然垂坠的感觉，不可扬肘外翻、直臂僵硬。

（4）胸部自然舒松，微微内含，膈肌有下降松沉之感。

（5）后背微微后撑，舒展拔伸。

（6）腋下保持一定的空隙，不要夹紧。

（7）五指自然展开，虎口撑圆，掌心内凹，腕部下塌，形成舒指塌腕。

（8）腰脊后撑，气沉丹田，脊柱中正伸展。

（9）提肛实腹，动作完成时要有意识地加深呼气，使膈肌下降，腹肌紧张；同时提肛使腹部沉实，气沉丹田。

（10）缩髋敛臀，屈膝半蹲时，髋关节向内收缩，也叫折胯或沉胯。臀部向内收敛，使动作看起来像是坐在腿上一样。

（11）腿的伸屈要柔和自然，膝关节要与脚尖同向。

（12）踝关节要放松，脚趾松踩地面。

二、太极拳桩功

桩功是学习和掌握太极拳套路的基础。通过桩功的练习，锻炼以意领气、以气运身，达到壮内健外的目的，可以端正太极拳动作的基本姿势，固定身型，提高腿部力量，调节身体各部位的协调性，是学好太极拳的重要手段。

俗话说："练拳不练功，到老一场空。"由此可见桩功练习的重要性。太极拳桩功分为五种：无极桩、太极桩、开合桩、升降桩、虚步桩。

无极桩

两脚并拢，身体直立，头正悬顶；下颌微收竖颈；两肩松沉，两臂自然下垂，手指微屈舒展，指尖轻附两腿外侧；松腰敛臀，两膝微屈，脚趾松踩地面；呼吸自然平缓，意守丹田；目视前方。（图 1）

要求：自然站立，心静体松，中正安舒。

图 1

太极桩

两脚平行开立，与肩同宽，两腿屈蹲，重心落于两脚中间；两臂缓缓向前平举至同肩高，与肩同宽，两肘微下垂，手指微屈，掌心向下；两臂屈抱于胸前，手指微屈自然展开，指尖相对，掌心向里，如抱球状；目视前方。（图2至图4）

图2

图3

图4

要求： 上体中正，头正顶悬，下颌微收，沉肩坠肘，松腰，敛臀，提肛，意守丹田，呼吸自然，眼平视前方。初练时，每次根据自己腿部力量的强弱而定练习时间，循序渐进。

目的： 端正身体姿势，增强腿部力量，调节呼吸，稳定身体重心，增强两手掤劲的意识。

开合桩

在太极桩姿势的基础上，两手臂做向外掤开与向内合收的练习。（图 5 至图 9）

图 5

图 6

图 7

图 8

图 9

要求：开时吸气，用腹式呼吸，小腹鼓起，感觉两手臂如抱着正在充气的气球一般掤开；合时呼气，小腹内收，感觉两手臂如抱着正在排气的气球一般回收。初学时，呼吸力求自然、平稳、舒畅，不要憋气。每次练习时间可根据自己腿部力量而定，久练后可逐渐增加。

目的：两手臂外掤与合收，练习“开中寓合、合中寓开”，逐渐形成意到、气到、力到，内外合一，内劲浑厚圆满的意识。

图 10

图 11

升降桩

两脚平行分开，与肩同宽，身体中正自然；两手臂松垂，手指轻附两腿外侧；目视前方。（图 10、图 11）

要求：心静体松，排除杂念，精神集中，呼吸自然。

两手臂缓缓向前平举至同肩高，与肩同宽，两肘微下垂，手指微屈，掌心向下；目视两手。此为升势。（图 12）

图 12

当两手臂升至与肩同高时，两腿屈膝下蹲；同时肩肘松沉，两掌下按至腹前。此为降势，一升一降反复练习。（图 13 至图 15）

要求：练习升降桩时，呼吸自然、平稳、通畅，不要憋气，久练后可逐渐加大呼吸深度。两手臂上升时吸气；两手臂下按时呼气。一升一降为一次练习。初练时可练习 3~5 分钟，久练后每次练习时间可逐渐增加。

目的：练习意气配合，理解“升”练掤，“降”练采。

图 13

图 14

图 15

虚步桩

两脚平行分开，与肩同宽，身体中正自然；两手臂松垂，手指轻附两腿外侧；目视前方。（图16、图17）

两手臂缓缓向前平举至同肩高，与肩同宽，两肘微下垂，手指微屈，掌心向下；目视两手。动作时吸气，用意行气，使气由丹田上升贴于脊背，此为“升势”。（图18）

要求：用意不用力，两手臂向前上方掤出时，用意念引导。

图16

图17

图18

当两手臂升至同肩高时，两腿屈膝下蹲，同时沉肩坠肘，两手下按至腹前，掌心向下，舒指展掌；目视前下方。动作时呼气，用意行气，使气沉入丹田，此为“降势”。重心移向右腿，左脚跟提起，上体微左转；两手臂边抱边开，两手略低于肩，相距宽于肩；目视左前方。（图 19、图 20）

要求：松腰敛臀，两腿屈膝下蹲和两手下按应协调一致，两手要向下沉，用意下采。手臂要有“开中寓合”的意识，产生掤的内劲。

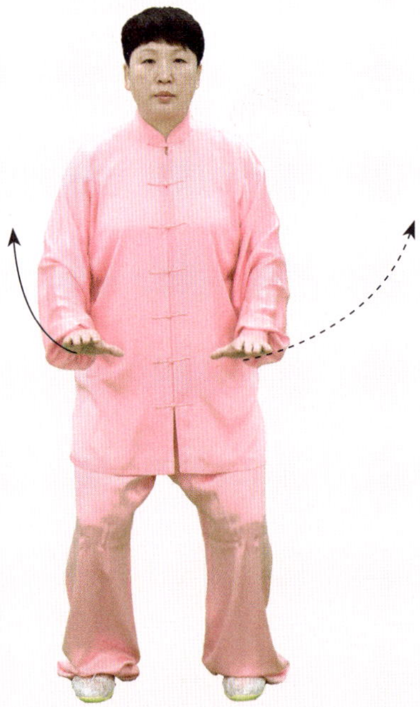

图 19

图 20

左脚向左前迈半步，脚跟着地，脚尖翘起，左膝微屈；同时两手臂微屈向左胸前相合，左手指尖同鼻高，右掌在左肘内下方，两掌心斜相对，指尖均朝前上方；目视左掌方向。此为“虚步桩”左势（图 21）。左脚回收成两脚平行开立，与肩同宽，两腿屈蹲；两手臂胸前平举，两肘微下垂，手指微屈，掌心向下；而后两腿伸直，两臂上升至同肩高；目视两手。（图 22、图 23）

图 21

图 22

图 23

两腿屈膝下蹲，同时沉肩坠肘；两手舒指下按至腹前，掌心向下；目视前下方。重心移向左腿，右脚跟提起，上体微向右转；两手臂边抱边开，两手略低于肩，相距宽于肩；目视右前方。右脚向右前迈半步，脚跟着地，脚尖翘起，右膝微屈；同时两手臂微屈向右胸相合，右手指尖同鼻高，左掌在右肘内下方；目视右掌方向。此为“虚步桩”右势。（图 24 至图 26）

要求：两手臂相合时呼气，用意行气，使气由丹田上升贴于脊背。

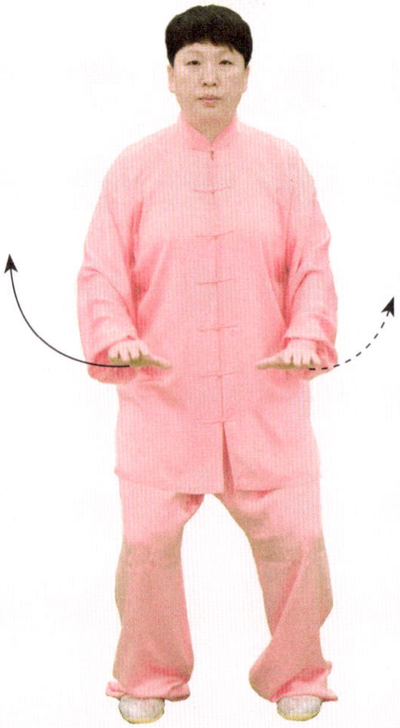

图 24

图 25

图 26

左右势反复交替练习。收势时，还原成两脚平行开立，与肩同宽，身体自然中正；两手臂松垂，指尖轻附两腿外侧；目视前方。（图 27 至图 29）

要求：头颈端正，下颌微收，沉肩坠肘，含胸舒背，上体中正，松腰敛臀。肩、肘、手与胯、膝、足均一一相合。精神集中，用意领气，吸气贴于脊背；呼气沉于丹田，意气运转，转换灵活。周身务求自然舒松，不用拙力，两腋虚空，两臂用意内合。

目的：领悟意、气、形的协调配合；气贴背敛入脊骨，力由脊发，步随身换。久练之后，对周身内劲及腰腿功夫的增长都有很大的促进作用。

图 27

图 28

图 29

三、二十四式太极拳基本动作方法

（一）手型

二十四式太极拳的手型包括拳、掌、勾三种。

拳

四指并拢卷握于掌心，拇指屈压于食指、中指的第二指节上。拳面要平，握力要适中，不可过紧或过松。（图 30）

图 30

掌

五指微屈，舒展分开，掌心微含，虎口撑圆。手指用力不可僵直，也不可松软弯曲。（图 31）

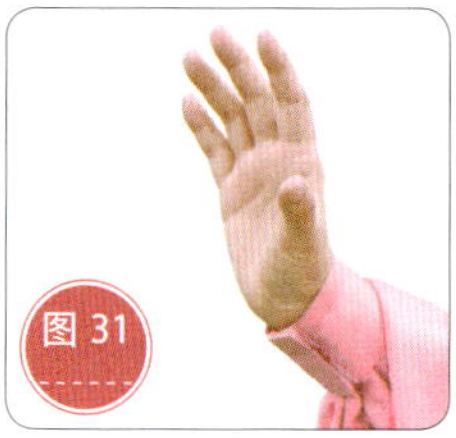
图 31

勾

五指第一指节自然伸直捏拢成勾，屈腕使指尖朝下。（图 32）

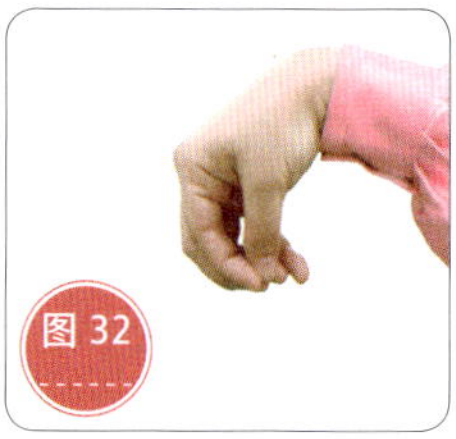
图 32

（二）手法

二十四式太极拳的手法包括掤、捋、挤、按、抱掌、分掌、云手、贯拳、打拳、挑掌、插掌、推掌。

掤

前臂由下向前上掤架，横于体前，高不过肩，肘关节稍低于手，臂要保持弧形，力点在前臂外侧。（图 33 、图 34，左手动作）

要求：不可折腕，手指不可松软无力，也不可僵硬挺直折指根或有挑食指动作；前臂伸展幅度不要过大，不要与野马分鬃的分掌混淆。

捋

两手斜相对；两臂随转腰由前向侧后方画弧捋带，力点在两手上。（图 35、图 36）

要求：两手要走弧形曲线，不可直抽强拉，两臂不可僵直。

图 33

图 34

图 35

图 36

挤

后手推送前手的前臂内侧，两臂由屈而伸向前挤压，高不过肩，力点在前臂前侧。（图 37、图 38）

要求：挤出后两臂须撑圆，肩、肘要松沉，含胸拔背。

图 37

图 38

按

两臂先向后、向下弧形引化，再向前上方用力按出，掌心向前，掌指向上，力点在两掌根，两掌高不过肩。（图 39 至图 41）

要求：两臂向后、向下引化时，不要耸肩，向前按掌时，要沉肩坠肘。

图 39

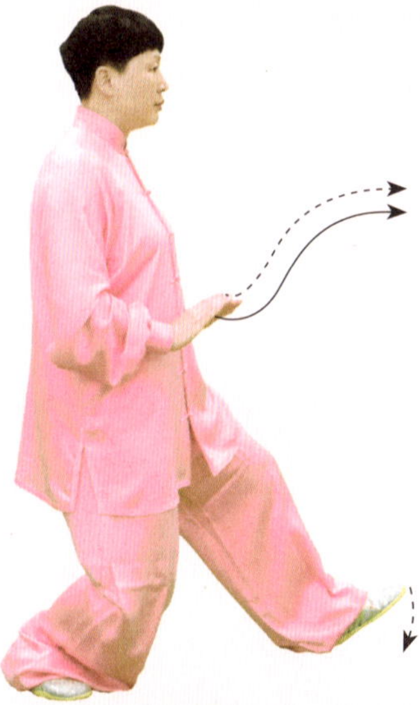

图 40

图 41

抱掌

两掌上下相对或左右交叉抱于体前或体侧，两臂半屈成弧，如抱球状。（图 42）

要求：两臂要撑圆、虚腋。

图 42

分掌

两手由合抱向前后或左右分开。（图 43、图 44）

要求：以腰带臂分掌，两臂相对运动。

图 43

图 44

云手

腰部左右转动，带动两掌左右画立圆运转，同时两掌上下交错经体前向左右两侧旋臂转动。（图 45 至图 49）

要求： 两手臂在体侧时，要有上下相合之劲，上方手臂过中线旋臂时，要有外撑旋裹之劲。

图 45

图 46

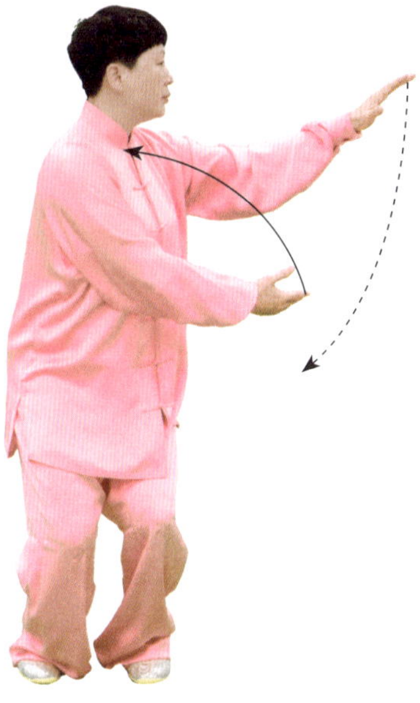

图 47

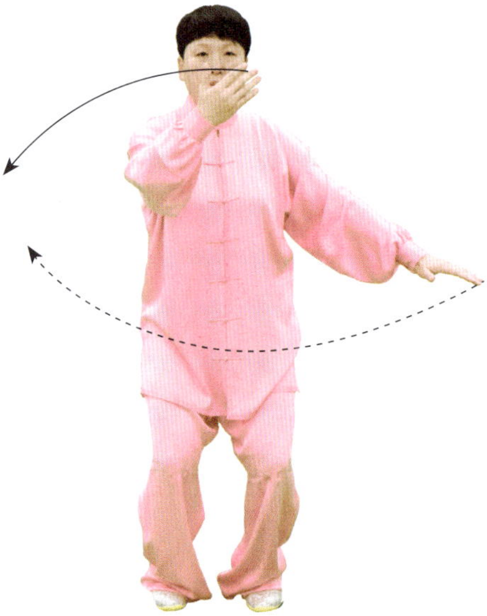

图 48

图 49

贯拳

两手握拳自下向外上方弧形摆动横击，臂半屈呈弧形并内旋，力点在拳面，拳眼斜向下方。（图 50、图 51）

要求：不可耸肩、翻肘、折腕，也不可直臂挺肘冲拳。

冲拳

拳由腰间内旋向前冲打，由拳心向上转为拳眼向上，力点在拳面。（图 52、图 53）

要求：拳由后向前冲出，注意手臂不要上挑。

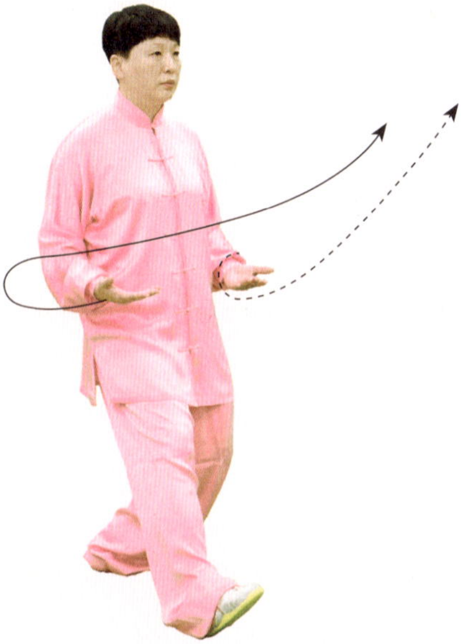

图 50

图 51

图 52

图 53

挑掌

侧掌由下向前上方挑起，指尖向上。（图 54、图 55）

要求：挑掌时指尖向上，不要挑腕。

图 54

图 55

插掌

五指自然分开，臂由屈而伸，向前下方伸出。前伸为前插掌，下伸为下插掌。力点在四指指尖。（图 56、图 57）

要求：指尖不要松软无力，插掌的意识要到达指尖。

图 56

图 57

推掌

臂由屈而伸，同时旋臂翻转塌腕前推，掌心向前，指尖朝上。（图 58、图 59）

要求：推出去的手臂要沉肩坠肘，掌根要松沉。

图 58

图 59

（三）步型

二十四式太极拳的步型有以下几种。

马步

两脚左右开立，与肩同宽，脚尖向前，两腿屈膝半蹲，重心平均落于两腿。屈髋敛臀，上体正直，头顶与会阴呈一自然垂线，如起势步型。（图 60）

要求：含胸拔背，敛臀立腰，肩肘松沉，气沉丹田。

弓步

两腿前后分开，前腿屈膝前弓，膝与脚尖上下相对，大腿斜向地面，脚尖向正前方；后腿自然蹬直，脚尖斜向前方 45°~60°。两脚全脚掌着地，后脚跟不可拔起。两脚横向间要保持一定的宽度，在 10~30 厘米。两脚不要踩在一条直线上或左右交叉，以免造成身体紧张、歪扭。如野马分鬃、搂膝拗步步型。（图 61、图 62）

要求：弓步时膝部不要超过脚尖。

图 60

图 61

图 62

虚步

后腿屈膝，大腿高于水平，后脚全脚掌着地，脚尖斜向前方，脚跟与臀部上下相对；前腿微屈，正对前方，前脚脚掌着地，如白鹤亮翅的步型（图63），或脚跟着地，脚尖上翘，如手挥琵琶的步型（图64）。

要求：敛臀立腰的同时，前腿胯根要松沉，重心落在后腿上，虚实分明。

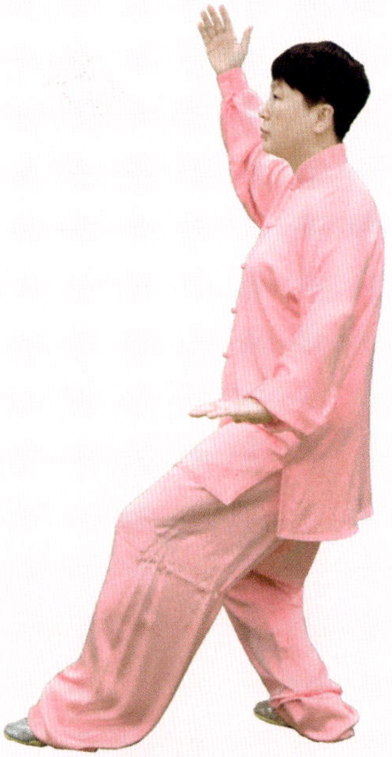

图 63

图 64

仆步

一腿屈膝，脚尖稍向外展，全脚掌着地，膝部和脚尖方向一致，不要向内裹扣；另一腿向体侧伸直，脚尖内扣，全脚掌落地。仆步时两脚略呈八字形，两脚皆不能掀脚跟，如下势步型。（图 65、图 65 附图）

要求：两胯根松沉，肩肘松沉，立腰提顶。

图 65

图 65 附图

独立步

一腿自然伸直，独立支撑；另一腿屈膝前提，大腿高于水平，小腿及脚尖自然向下，上体保持中正，重心保持稳定。（图 66）

要求：提起腿的膝找肘，支撑腿自然直立。

并步

两脚平行向前，相距约 20 厘米，全脚掌着地，重心平均放于两腿。两腿屈膝半蹲，上体保持中正。由于太极拳并步时两脚之间保留一定距离，所以又称小开步，如云手步型。（图 67）

要求：两胯中正，敛臀立腰，重心不要过低，避免两腿跪膝。

图 66

图 67

（四）步法

二十四式太极拳的步法有以下几种。

上步

左弓步后，右腿弯曲，重心移至右腿，左脚尖外摆 45°。左腿弯曲，重心移至左腿，右腿提起向右前方迈出，重心再移至右腿，形成右弓步，如野马分鬃的步法。（图 68 至图 73）

图 68

图 69

图 70

图 71

图 72

图 73

退步

前腿提起向后撤步，随即重心移至后腿，前脚转正，如倒卷肱的步法。（图 74 至图 77）

图 74

图 75

图 76

图 77

跟步

弓步时后脚向前收拢半步形成跟步，如手挥琵琶的步法。

（图 78 至图 80）

图 78

图 79

图 80

侧行步

两脚横向依次向体侧移动，脚尖平行向前，如云手的步法。（图 81 至图 85）

图 81

图 82

图 83

图 84

图 85

（五）腿法

腿法，俗称脚法，是指脚、腿的攻防运用方法。二十四式太极拳中只有蹬脚一个腿法。其规格为：一条腿独立支撑，膝微屈；另一条腿屈膝提收后再蹬踹伸直，脚尖勾起，力点在脚跟，高度要超过水平。蹬直腿一定要先屈后伸，不可直腿上摆。（图 86、图 87）

图 86

图 87

（六）眼法

眼法，是指练拳时眼神的运用方法。其要领是：定势时，眼平视前方或注视前手；换势时，眼睛与手法、腿法协调配合，势动神随，神态自然，全神贯注。

第二节　二十四式太极拳技术详解

动作名称

第一组

起势

左右野马分鬃

白鹤亮翅

第二组

左右搂膝拗步

手挥琵琶

左右倒卷肱

第三组

左揽雀尾

右揽雀尾

第四组

单鞭

云手

单鞭

第五组

高探马

右蹬脚

双峰贯耳

转身左蹬脚

第六组

左下势独立

右下势独立

第七组

左右穿梭

海底针

闪通臂

第八组

转身搬拦捶

如封似闭

十字手

收势

动作说明

第一组

起势

（1）身体自然直立，左腿向左开步，两脚距离与肩同宽，脚尖向前；两臂自然下垂，两手放在大腿外侧；眼向前平视。（图88、图89）

要求：头颈正直，下颌微向后收，不要故意挺胸或收腹。精神要集中。

（2）两臂慢慢向前平举，两手高与肩平，与肩同宽，手心向下。（图 90）

（3）上体保持正直，两腿屈膝下蹲；同时两掌轻轻下按，两肘下垂与两膝相对；眼平视前方。（图 91）

要求：两肩松沉，两肘松垂，手指自然微屈。屈膝松腰，臀部不可凸出，身体重心落于两腿中间。两臂下落与身体下蹲的动作要协调一致。

图 88 图 89 图 90 图 91

左右野马分鬃

（1）上体微向右转，身体重心移至右腿上；同时右臂收在胸前平屈，手心向下，左手经体前向右下画弧停在右手下方，手心向上，两手心相对呈抱球状；左脚随即收到右脚内侧，脚前掌点地；眼看右手。（图 92）

（2）上体微向左转，左脚向左前方迈出，右脚跟后蹬，右腿自然伸直，成左弓步；同时上体继续向左转；左右手随转体慢慢分别向左上、右下分开，左手高与眼平，手心斜向上，肘微屈；右手落在右胯前方，肘微屈，手心向下，指尖向前；眼看左手。（图 93、图 94）

图 92

图 93

图 94

（3）上体慢慢后坐，身体重心移至右腿，左脚尖翘起，微向外撇 45°~60°，随后脚掌慢慢踏实，左腿慢慢前弓，身体稍左转，重心再移至左腿；同时左手翻转向下，左臂收在胸前平屈，右手向上画弧放在左手下，两手心相对呈抱球状；右脚随即收到左脚内侧，脚前掌点地；眼看左手。（图 95 至图 97）

图 95

图 96

图 97

（4）右腿向右前方迈出，左腿自然伸直，成右弓步；同时上体稍右转，左右手随转体分别慢慢向左下、右上分开，右手高与眼平（手心斜向上），左手落在左胯旁，手心向下，指尖斜向前，两肘微屈，眼看右手。（图 98、图 99）

（5）与（3）动作相同，方向相反。（图 100、图 101）

（6）与（4）动作相同，方向相反。（图 102、图 103）

要求：上体不可前俯后仰，胸部必须放松舒展。两臂分开时要保持弧形。身体转动时要以腰为轴。弓步动作与分手的速度要均匀一致。做弓步时，迈出的脚先是脚跟着地，然后脚掌慢慢踏实，脚尖向前，弓步完成时膝部不要超过脚尖；后腿自然伸直；前后脚夹角呈 45°~60°（需要时后脚脚跟可以后蹬调整）。野马分鬃式的弓步，前后脚的脚跟要分在中轴线两侧，它们的横向距离应保持在 10~30 厘米。

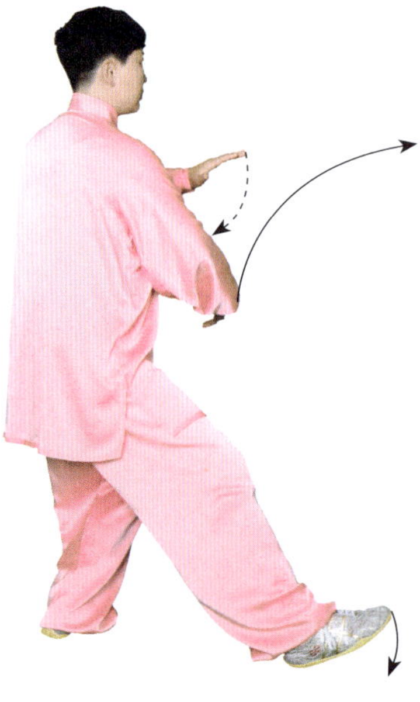

图 98

图 99

图 100

图 101

图 102

图 103

白鹤亮翅

（1）右脚跟进半步，上体后坐，微向左转；左手翻掌向下，左臂平屈胸前，右手向左上画弧，手心转向上，与左手呈抱球状；眼看左手。（图 104）

（2）身体重心移至右腿，上体先向右转，面向右前方，眼看右手；然后左脚稍向前移，脚前掌点地，成左虚步，同时上体再微向左转，面向前方；两手

图 104

图 105

随转体慢慢向右上、左下分开，右手上提停于右额前，手心向左后方，左手落于左胯前，手心向下，指尖向前；眼平视前方。（图 105 至图 107、图 107 附图）

要求：完成姿势时含胸拔背，上下两臂都要保持半圆形，左膝要微屈。身体重心后移和右手上提、左手下按要协调一致。

图 106

图 107

图 107 附图

第二组

左右搂膝拗步

（1）右手从体前下落至腹前，再向后上方画弧至右肩外侧，右肘微屈，手与耳同高，手心斜向上；左手由左下向上，向右下方画弧至右胸前，手心斜向下；同时上体先微向左再向右转；左脚收至右脚内侧，脚前掌点地；眼看右手。（图 108 至图 110）

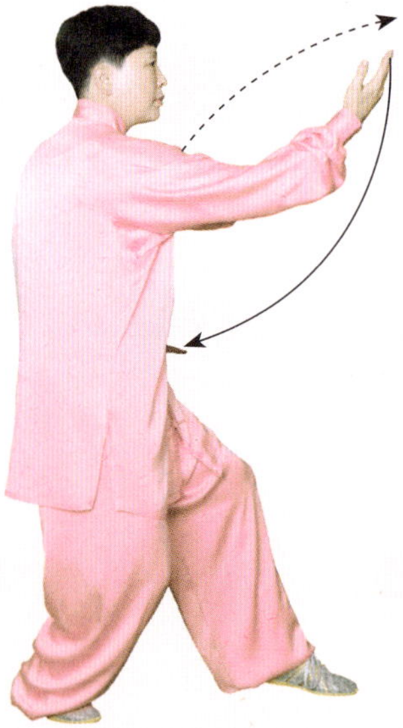

图 108

图 109

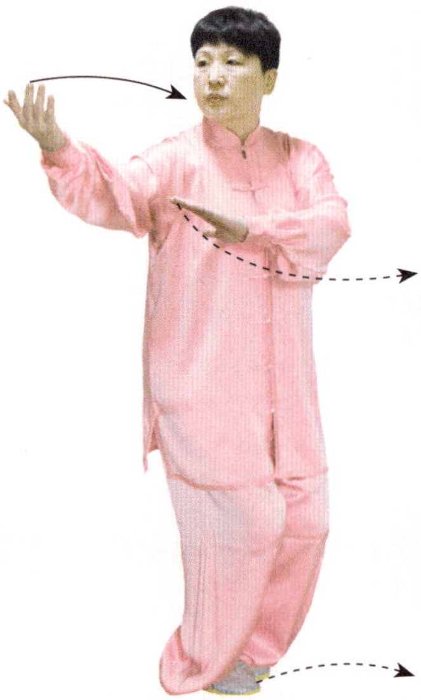

图 110

（2）上体左转，左脚向前（偏左）迈出成左弓步；同时右手屈回，由耳侧向前推出，高与鼻尖平，左手向下由左膝前搂过落于左胯旁，指尖向前；眼看右手方向。（图 111、图 112）

图 111

图 112

（3）右腿慢慢屈膝，上体后坐，身体重心移至右腿，左脚尖翘起微向外撇，随后脚掌慢慢踏实，左腿前弓，身体左转，身体重心移至左腿，右脚收到左脚内侧，脚前掌点地；同时左手向外翻掌由左后向上画弧至左肩外侧，肘微屈，手与耳同高，手心斜向上；右手随转体向上、向左下画弧落于左胸前，手心斜向下；眼看左手。（图 113、图 114、图 114 附图）

（4）与（2）动作相同，方向相反。（图 115、图 116）

（5）与（3）动作相同，方向相反。（图 117、图 118）

图 113

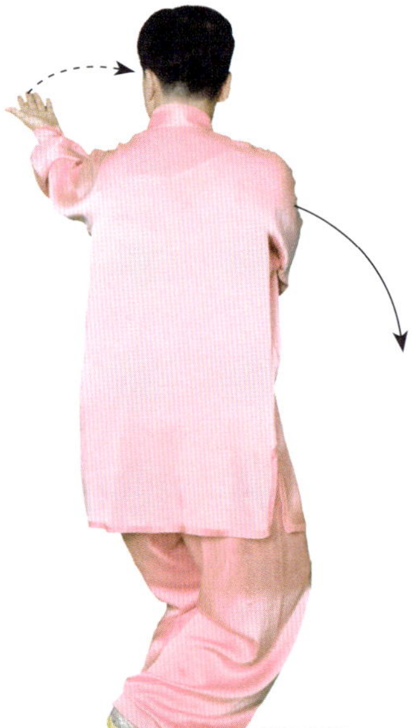

图 114

图 114 附图

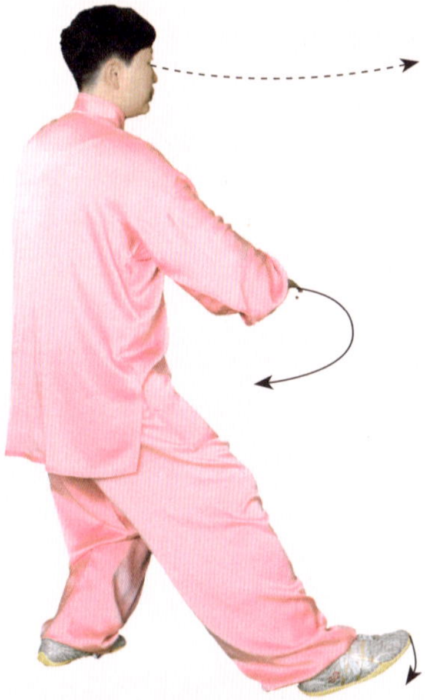

图 115

图 116

图 117

图 118

（6）与（2）动作相同。（图 119、图 120）

要求： 手向前推出时，身体不可前俯后仰，要松腰松胯。推掌时要沉肩坠肘、坐腕舒掌，同时须与松腰、弓腿上下协调一致。搂膝拗步成弓步时，两脚跟的横向距离保持在 30 厘米左右。

图 119

图 120

手挥琵琶

右脚跟进半步，上体后坐，身体重心转至右腿上，上体半向右转，左脚略提起稍向前移，变成左虚步，脚跟着地，脚尖翘起，膝部微屈；同时向上挑举，高与鼻尖平，掌心向右，臂微屈，右手收回放在左肘内侧，掌心向左；眼看左手方向。（图 121 至图 123）

要求：身体要平稳自然，沉肩坠肘，胸部放松。左手上起时不要直向上挑，要由左向上、向前，微带弧形。右脚跟进时，前脚掌先着地，再全脚踏实。身体重心后移和左手上起、右手回收要协调一致。

图 121

图 122

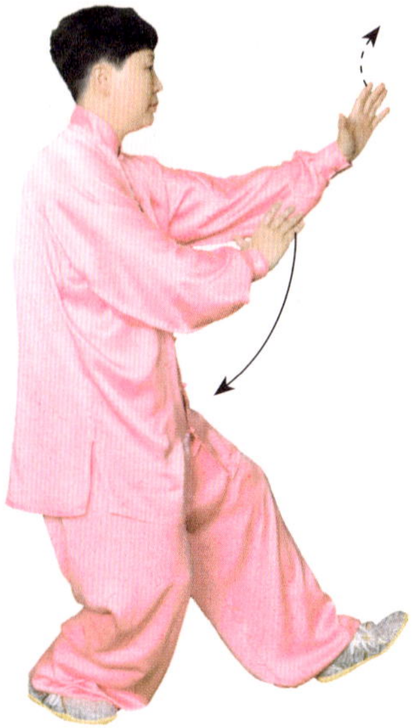

图 123

左右倒卷肱

（1）上体稍右转；右手翻掌（手心向上）经腹前由下向后上方画弧平举，臂微屈，再屈右臂，右掌推至头右侧，手心斜向前；左手随之翻掌向上；视线随着向右转体先向右看、再转向前方看左手。（图 124 至图 126）

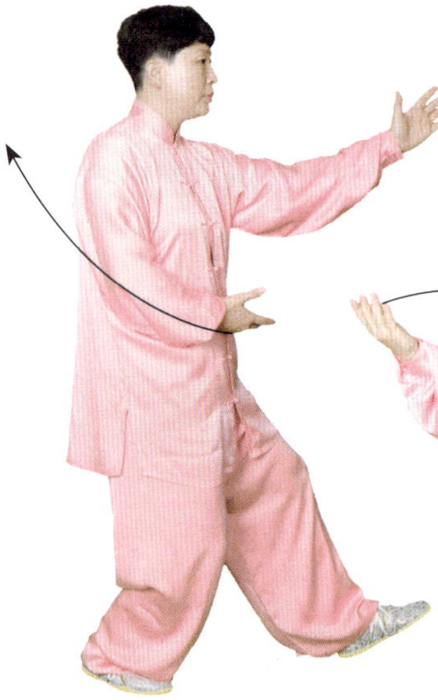

图 124

图 125

图 126

（2）左腿轻轻提起向后（偏左）退一步，前脚掌先着地，然后全脚慢慢踏实，身体重心移至左腿上，成右虚步，右脚随转体以脚掌为轴扭正；眼看右手。右手由耳侧向前推出，手心向前，左臂屈肘后撤至左肋外侧，手心向上。（图 127、图 128）

图 127

图 128

（3）上体微向左转；同时左手随转体向后上方画弧平举，手心向上，再屈左臂，左掌推至头左侧，手斜向前，右手随即翻掌，掌心向上；眼随转体先向左看，再转向前方看右手。（图 129、图 130）

图 129

图 130

（4）与（2）动作相同，方向相反。（图 131、图 132）

（5）与（3）动作相同，方向相反。（图 133、图 134）

图 131

图 132

图 133

图 134

（6）与（2）动作相同。（图 135、图 136）

（7）与（3）动作相同。（图 137、图 138）

图 135

图 136

图 137

图 138

（8）与（4）动作相同。（图 139、图 140）

要求：前推的手臂不要伸直或向下推出，后撤手臂也不可直向回抽，应随转体走下弧线。前推时，要转腰松胯，背往后靠，两手的速度要一致，避免僵硬。退步时，前脚掌先着地，再慢慢全脚踏实，同时，前脚随转体以脚掌为轴扭正。退左脚略向左后落，退右脚略向右后落，避免两脚落在一条直线上。后退时，眼神随转体动作先向后手方向看，然后再转看前手。最后退右脚时，脚尖外撇的角度略大些，便于接做“左揽雀尾”的动作。

图 139

图 140

第三组

左揽雀尾

（1）上体微向右转；同时右臂内旋，随转体向后上方画弧平举，手心向下，左手放松，手心向下。（图 141）

（2）身体继续向右转；左手自然下落，逐渐翻掌经腹前画弧至右肋前，手心向上；右臂屈肘，右手收至胸前，两手相对呈抱球状；同时身体重心落在右腿上，左脚收至右脚内侧，脚前掌点地；眼看右手方向。（图 142）

图 141

图 142

（3）上体微向左转，左脚向左前方迈出，上体继续向左转，右腿自然蹬直，左腿屈膝，成左弓步；同时左臂向左前方掤出（即左臂平屈呈弓形，用前臂外侧和手背向前方推出），高与肩平，手心向后，右手向右下落于右胯旁，手心向下，指尖向前；眼看左前臂。（图 143、图 144）

要求：掤出时，两臂前后均保持弧形。分手、松腰、弓腿三者必须协调一致。揽雀尾弓步时，两脚跟横向距离不超过 10 厘米。

图 143

图 144

（4）身体微向左转，左臂随即内旋前伸，翻掌向下，右手翻掌向上，经腹前向上、向前伸至左前臂下方；然后两手下捋，即上体向右转，两手经腹前向右后上方画弧，直至右手手心向上，高与肩齐，左臂平屈于胸前，手心向后；同时身体重心移至右腿；眼看右手。（图 145 至图 147）

要求：下捋时，上体不可前倾，臀部、右胯不要凸出。两臂下捋须随腰旋转而动，仍走弧线。左脚全脚掌着地。

图 145

图 147

图 146

（5）上体微向左转，右臂屈肘折回，右手附于左腕里侧（相距约 5 厘米）；上体继续向左转，双手同时向前慢慢挤出，左手心向后，右手心向前，左前臂要保持半圆形；同时身体重心逐渐前移变成左弓步；眼平视前方。（图 148、图 149）

要求：向前挤时，上体要正直。挤的动作要与松腰、弓腿相一致。

（6）左手翻掌，手心向下，右手经左腕上方向前、向右伸出，高与左手齐，手心向下，两手左右分开，与肩同宽；然后右腿屈膝，上体慢慢后坐，身体重心移至右腿上，左脚尖翘起；同时两手回收至腹前，手心均向前下方。（图 150 至图 152）

（7）动作不停。身体重心慢慢前移；同时两手向前、向上按出，掌心向前；左腿前弓成左弓步；眼平视前方。（图 153）

要求：向前按时，两手须走弧线，手腕高与肩平，两肘微屈。

图 148

图 149

图 150

图 151

图 152

图 153

右揽雀尾

（1）上体后坐并向右转，身体重心移至右腿，左脚尖里扣；右手向右画弧至右侧，然后由右向下经腹前向左下画弧至腹前，手心向上；左臂平屈胸前，左手掌心向下，与右手呈抱球状；同时身体重心再移至左腿上，右脚收至左脚内侧，脚前掌点地；眼看左手方向。（图 154、图 155）

（2）与“左揽雀尾”（3）动作相同，方向相反。（图 156、图 157）

（3）与“左揽雀尾”（4）动作相同，方向相反。（图 158 至图 160）

图 154

图 155

图 156

图 157

图 158

图 159

图 160

（4）与“左揽雀尾”（5）动作相同，方向相反。（图 161、图 162）

（5）与“左揽雀尾”（6）动作相同，方向相反。（图 163 至图 165）

（6）与“左揽雀尾”（7）动作相同，方向相反。（图 166）

要求：与“左揽雀尾”相同。

图 161

图 162

图 163

图 164

图 165

图 166

单鞭

（1）上体后坐，重心逐渐移至左腿上，右脚尖里扣，同时上体左转；两手（左高右低）向左弧形运转，直至左臂微屈伸于身体左侧，手心向左，右手运行至腹前，手心向后上方；眼看左手。（图 167、图 168）

（2）身体重心再渐渐移至右腿上，上体右转，左脚向右脚靠拢，脚前掌点地；右臂运行至左肋前时外旋，右手向右上方画弧，至右侧时变勾手，臂与肩平；左手向下经腹前向右上画弧停于右肘内侧，手心向里；眼看左手方向。（图 169、图 170）

（3）上体微向左转，左脚向左前侧方迈出，右脚跟后蹬，成左弓步；在身体重心移向左腿的同时，左掌随上体继续左转慢慢翻转向前推出，手心向前，指尖与眼齐平，臂微屈；眼看左手。（图 171、图 172）

要求：上体保持立身中正，松胯立腰，完成时，右臂肘部稍下垂，左肘与左膝上下相对，两肩下沉。左手向外翻掌前推时，要随转体边翻边推出，不要翻掌太快或最后突然翻掌。全部过渡动作，上下要协调一致。

图 167

图 168

图 169

图 170

图 171

图 172

云手

（1）重心移至右腿，身体渐向右转，左脚尖里扣；左手经腹前向右上画弧至右肘下方，手心斜向后，同时右手变掌，手心向右前方；眼看右手方向。（图 173、图 174）

（2）上体慢慢左转，身体重心随之逐渐左移；左手由脸前向左侧运转，手心渐渐转向左侧；右手由右下经腹前向左上画弧，至左肘下方，手心斜向后；同时右脚靠近左脚，成小开立步（两脚距离 10~20 厘米）；眼看左手方向。（图 175、图 176）

（3）上体再向右转；同时右手经腹前向右上画弧至面前，手心斜向后，再翻掌向前下方按落至与肩平；左手向右侧运转至右肘下方，手心翻转向上；随之左腿向左横跨一步；眼看右手方向。（图 177、图 178）

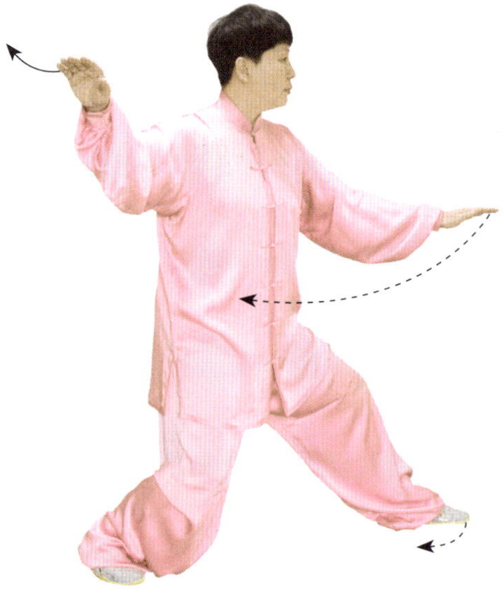

图 173

图 174

图 175

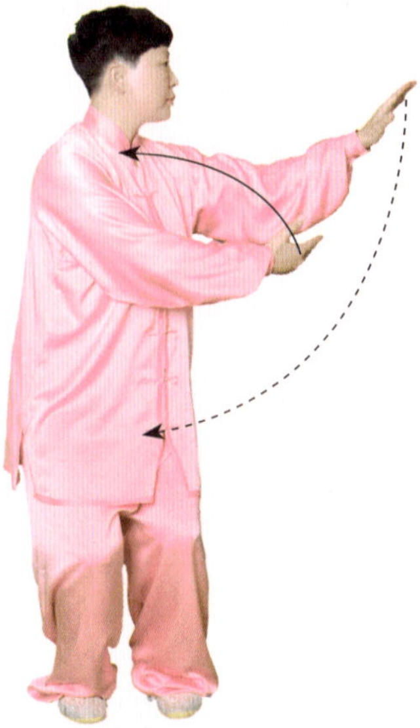

图 176

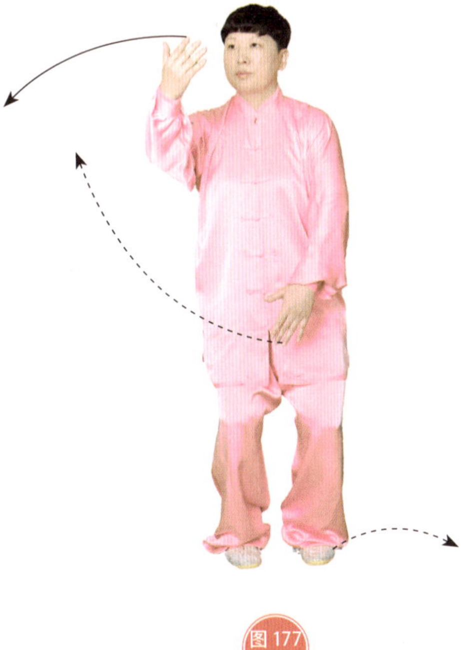

图 177

图 178

（4）与（2）动作相同。（图 179、图 180）

（5）与（3）动作相同。（图 181、图 182）

（6）与（4）动作相同。（图 183、图 184）

要求：身体转动要以腰脊为轴，松腰松胯，不可忽高忽低。两臂随腰的转动而运转，要自然圆活，速度要缓慢均匀。下肢移动时，身体重心要稳定，两脚掌先着地再踏实，脚尖向前。视线随左右手而移动。第三个“云手”，右脚最后跟步时，脚尖微向里扣，便于接做“单鞭”动作。

图 179

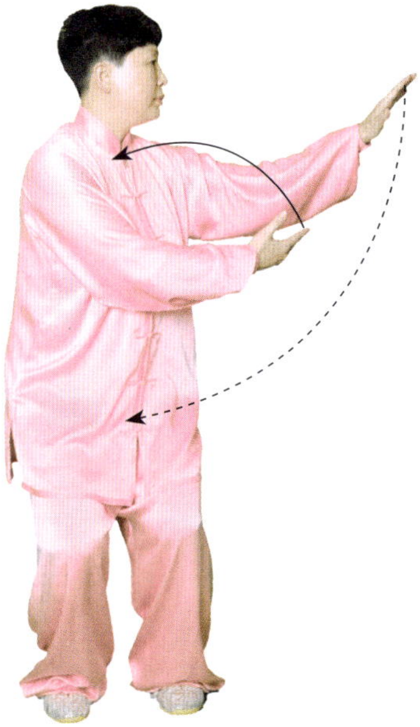

图 180

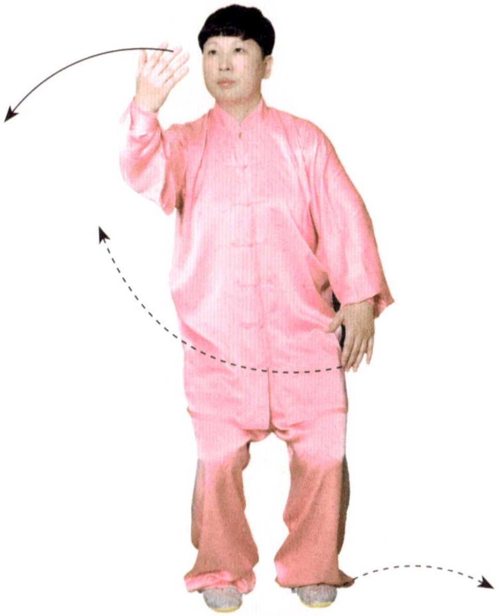
图 181

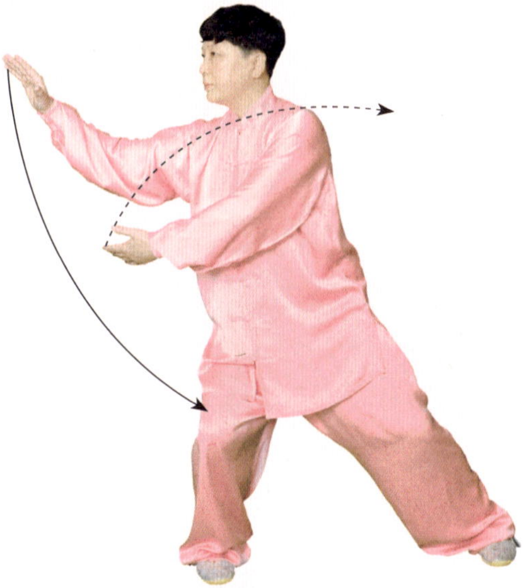
图 182

图 183

图 184

单鞭

（1）上体向右转；右手随之向右上方画弧，至右侧且手心向后时下翻变成勾手，左手经腹前向右上画弧至右肩前，手心向内；身体重心落在右腿上，左脚前掌点地；眼随右手。（图185、图186）

图 185

图 186

（2）上体微向左转，左脚向左前方迈出，右脚跟后蹬，成左弓步；在身体重心移向左腿的同时，上体继续左转；左掌向右画弧再慢慢翻转向前推出，成“单鞭”式。（图 187、图 188）

要求：与前“单鞭”式相同。

图 187

图 188

第五组

高探马

（1）右脚跟进半步，身体重心逐渐后移至右腿上；右勾手变成掌，两手心翻转向上，两肘微屈；同时身体微向右转，左脚跟渐渐离地；眼看右手方向。（图 189、图 190）

图 189

图 190

（2）上体微向左转，面向前方；右掌经耳旁向前推出，手心向前，手指与眼同高，左手收至左腰侧，手心向上；同时左脚微向前移，脚前掌点地，成左虚步；眼看右手方向。（图 191、图 192）

要求：上体自然正直，双肩要松沉，右肘微下垂。跟步移换重心时，身体重心要保持平稳。

图 191

图 192

右蹬脚

（1）左手手心向上，前伸至右腕上方，两手交叉，随即向两侧分开并向下画弧，手心斜向下；同时左脚提起向左前方进步（脚尖略外撇），身体重心前移，右腿自然蹬伸，成左弓步；眼看前方。（图 193 至图 196）

（2）两手向里画弧，交叉合抱于胸前，右手在外，两手心均向后；同时右脚向左脚靠拢，脚前掌点地；眼平看右前方。（图 197、图 197 附图）

图 193

图 194

图 195

图 196

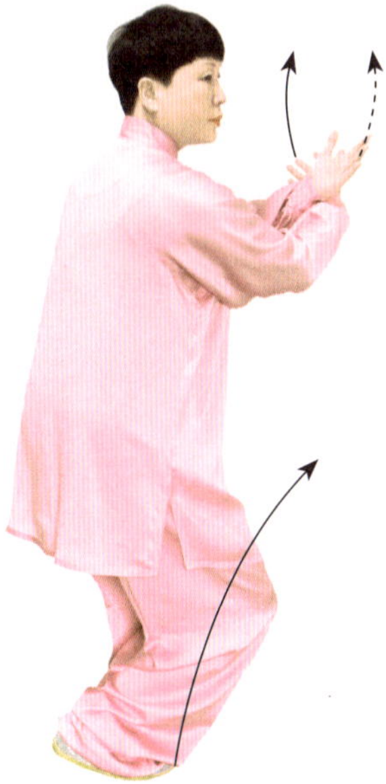

图 197

图 197 附图

（3）右腿屈膝提起，右脚高于左膝时向右前上方慢慢蹬出，至与头部同高，脚尖回勾同时，左、右手分别向左、向前画弧分开，右手停于右脚内侧，手心向前，左臂侧举，手心向左。（图 198 至图 200）

要求：身体要稳定，不可前俯后仰。两手分开时，腕部与肩齐平。蹬脚时，左腿微屈，右脚尖回勾，劲在脚跟。分手和蹬脚须协调一致。右臂和右腿上下相对。

图 198

图 199

图 200

双峰贯耳

（1）右腿收回，平屈，左手由后向上、向前下落至体前，两手心均翻转向上，两手同时向下画弧，分落于右膝两侧；眼看前方。（图 201、图 202）

图 201

图 202

（2）右脚向右前方落下，身体重心渐渐前移，成右弓步；同时两手下落，慢慢变拳，分别从两侧向上、向前画弧至面部前方，呈钳形状，高与耳齐，拳眼斜向内下（两拳中间距离 10~20 厘米）；眼平视前方。（图 203、图 204）

要求：完成定势时，头颈正直，松腰松胯，两拳松握，沉肩坠肘，两臂均保持弧形。双峰贯耳动作的弓步和身体方向与右蹬脚方向相同。弓步的两脚既不要踩在一条线上，也不要距离过宽，两脚跟横向距离不超过 10 厘米。

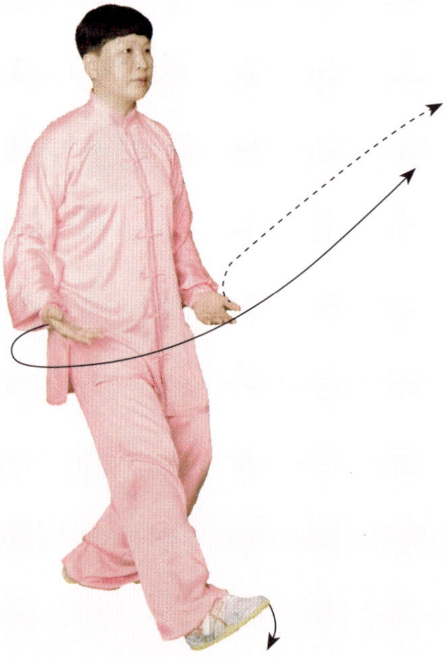

图 203

图 204

转身左蹬脚

（1）左腿屈膝后坐，身体重心移至左腿，上体左转，右脚尖里扣；同时两拳变掌，由上向左、右两侧画弧分开平举，手心向外；眼看左手方向。（图 205、图 205 附图）

图 205

图 205 附图

（2）身体重心再移至右腿，左脚收至右脚内侧，脚前掌点地；同时两手由外向里画弧合抱于胸前，左手在外，两手心均向后；眼平视左前方。（图206、图207、图207附图）

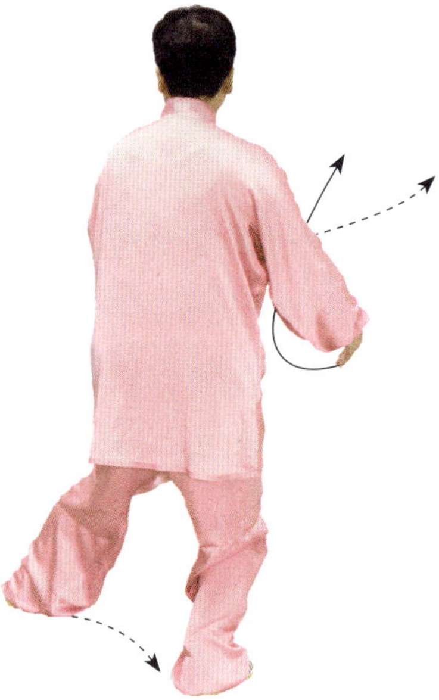

图 206

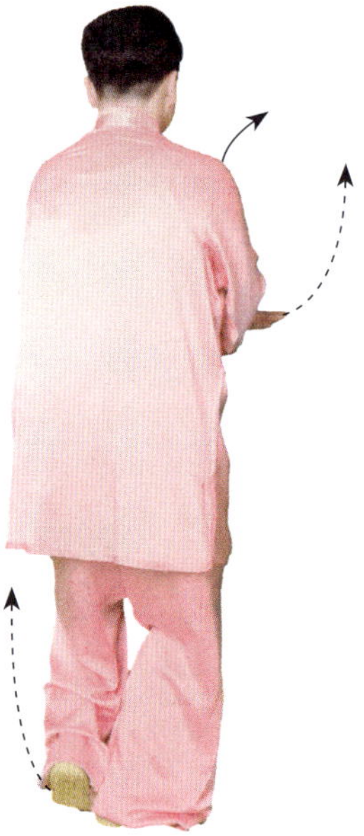

图 207

图 207 附图

（3）两臂左、右画弧分开平举，肘部微屈，手心均向外；同时左腿屈膝提起，左脚向左前方慢慢蹬出；眼看左手。（图 208、图 208 附图、图 209）

要求：与“右蹬脚”式相同，方向相反。

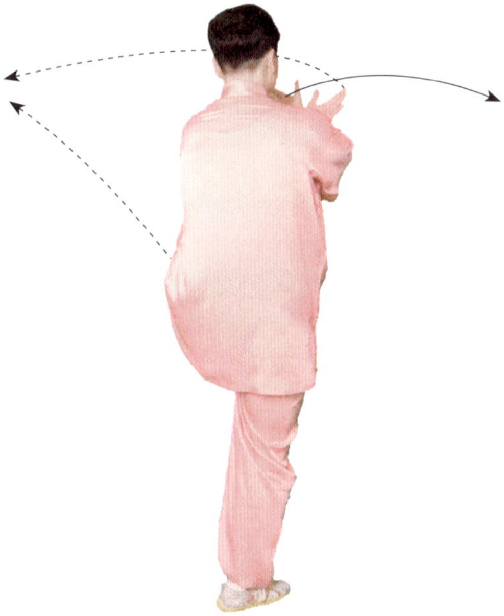

图 208

图 209

图 208 附图

第六组

左下势独立

（1）左腿屈膝收回平屈，上体右转；右掌变成勾手，左掌向上、向右画弧下落，立于右肩前，掌心斜向后；眼看右手方向。（图 210、图 210 附图）

（2）右腿慢慢屈膝，左腿由内向左侧（偏后）伸出，左转身成左仆步；左手下落（掌心向内），向左下顺左腿内侧向前穿出；眼看左手。（图 211 至图 213、图 213 附图）

要求：右腿全蹲时，上体不可过于前倾。左腿伸直，左脚尖须向里扣，两脚脚掌全部着地。左脚尖与右脚跟踏在中轴线上。

图 210

图 210 附图

图 211

图 212

图 213

图 213 附图

（3）身体重心前移，左脚以脚跟为轴，脚尖尽量向外撇，左腿前弓，右腿后蹬，右脚尖里扣，上体微向左转并向前起身；同时左臂继续向前伸出立掌，掌心向右，右勾手下落，指尖向后；眼看左手方向。（图 214）

（4）右腿慢慢提起平屈，成左独立式；同时右勾手变掌，并由后下方顺右腿外侧向前弧形摆出，屈臂立于右腿上方，肘与膝相对，手心向左，左手落于左胯旁，手心向下，指尖向前；眼看右手方向。（图 215、图 216）

要求：上体要正直，独立的腿要微屈，右腿提起时脚尖自然下垂。

图 214

图 215

图 216

右下势独立

（1）右脚下落于左脚前，脚掌着地，然后以左脚前脚掌为轴转动脚跟，身体随之左转；同时左手成勾手，随转身向左上方画弧至与头部同高，右掌随着转体向左侧画弧，立于左前臂内侧，掌心斜向后；眼看左手方向。（图 217、图 218）

图 217

图 218

（2）与“左下势独立”（2）动作相同，方向相反。（图 219、图 220）

（3）与“左下势独立”（3）动作相同，方向相反。（图 221）

（4）与“左下势独立”（4）动作相同，方向相反。（图 222、图 223）

要求： 右脚尖触地后必须稍微提起，然后再向下仆腿。其他均与“左下势独立”相同。

图 219

图 220

图 221

图 222

图 223

左右穿梭

（1）身体微向左转，左脚向前落地，脚尖外撇，右脚跟离地，两腿屈膝成半坐盘式；同时两手在左胸前呈抱球状（左上右下）；然后右脚收到左脚的内侧，脚前掌点地；眼看左前方。（图 224、图 225）

（2）身体右转，右脚向右前方迈出，屈膝成右弓步；同时右手经面前向上举并翻掌停在右额前，手心斜向上，左手先向左下再经体前向前推出，高与鼻尖平，手心向前；眼看左手方向。（图 226、图 227）

（3）身体重心略向后移，右脚尖稍向外撇，随即身体重心再移至右腿，左脚跟进，停于右脚内侧，脚前掌点地；同时两手在右胸前呈抱球状（右上左下）；眼看右前方。（图 228、图 229）

图 224

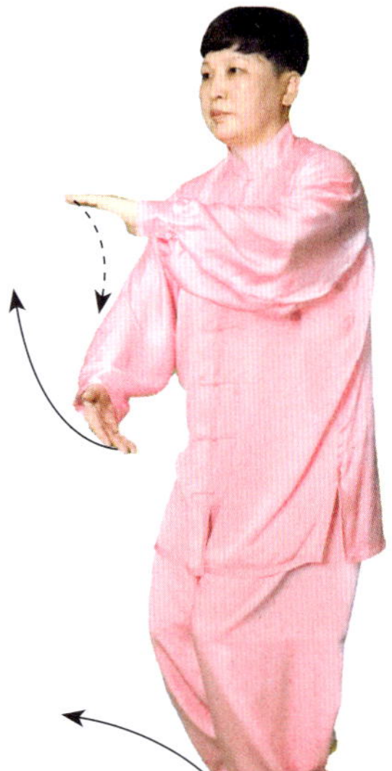

图 225

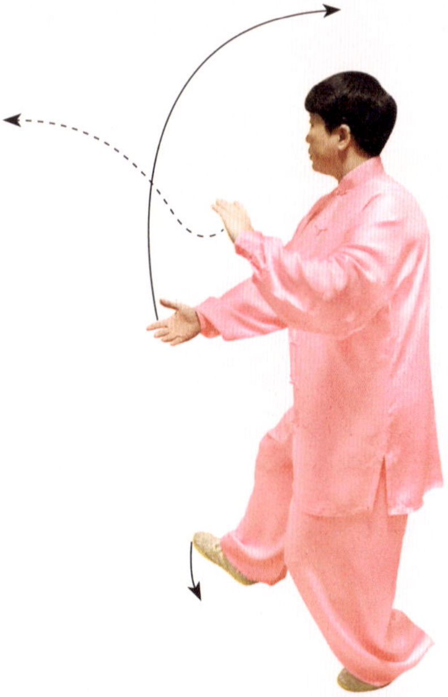
图 226

图 227

图 228

图 229

（4）与（2）动作相同，方向相反。（图 230、图 231）

要求：完成姿势面向斜前方。手推出后，上体不可前俯。手向上举时，防止引肩上耸。一手上举一手前推要与弓腿松腰上下协调一致。做弓步时，两脚跟的横向距离与“左右搂膝拗步”式相同，保持在 30 厘米左右。

图 230

图 231

海底针

右脚向前跟进半步，身体重心移至右腿，左脚稍向前移，脚尖点地，成左虚步，同时身体稍向右转；右手下落，经体前向后、向上提抽至肩上耳旁，再随身体左转，由右耳旁斜向前下方插出，掌心向左，指尖斜向下，同时，左手向前、向下画弧落于左胯旁，手心向下，指尖向前；眼看前下方。（图 232 至图 234、图 233 附图）

要求：身体要先向右转，再向左转。完成姿势面向正西。上体不可太过前倾。避免低头和臂部外凸。左腿要微屈。

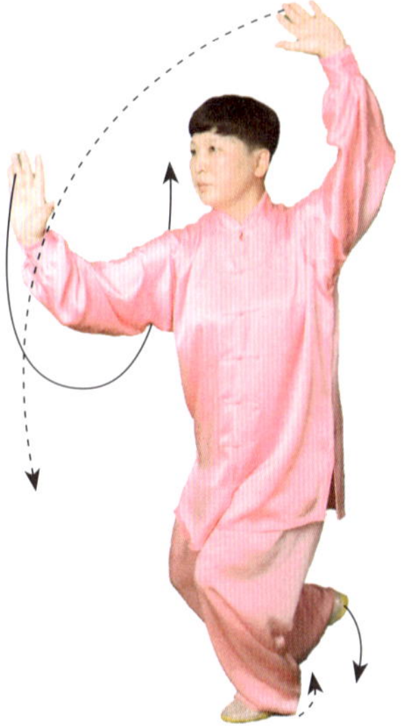

图 232

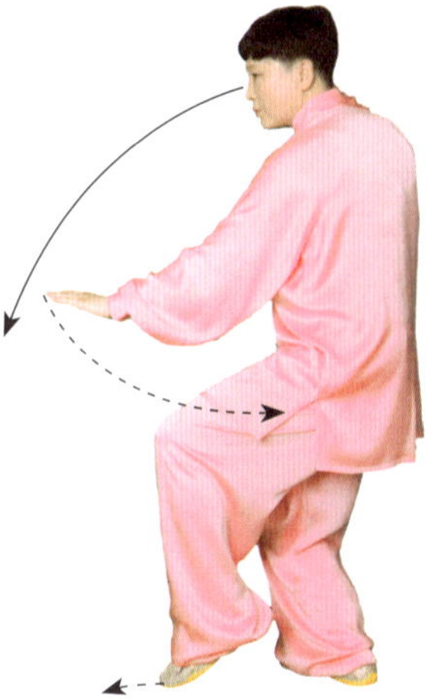

图 233

图 234

图 233 附图

闪通臂

上体稍向右转，左脚向前迈出，屈膝弓腿成左弓步；同时右手由体前上提，屈臂上举，停于右额前上方，掌心翻转斜向上，拇指朝下，左手上起经胸前向前推出，高与鼻尖平，手心向前；眼看左手方向。（图 235 至图 237）

要求：完成姿势时上体自然正直，松腰松胯；左臂不要完全伸直，背部肌肉要伸展开。推掌、举掌和弓腿动作要协调一致。弓步时，两脚跟横向距离不超过 10 厘米。

图 235

图 236

图 237

第八组

转身搬拦捶

（1）上体后坐，身体重心移至右腿，左脚尖里扣，身体向右后转，然后重心再移至左腿上；同时，右掌随着转体变拳向右、向下，画弧至腹前，拳心向下，左掌上举于头前，掌心斜向下；眼看前方。（图 238、图 239、图 239 附图）

图 238

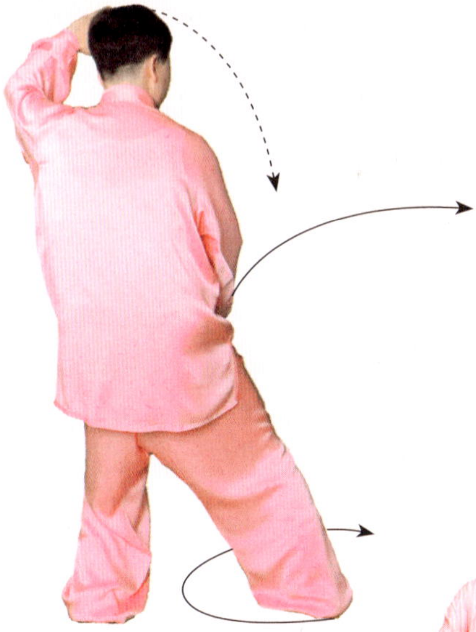

图 239

图 239 附图

（2）向右转体；右拳经胸前向前翻转撇出，拳心向上，左手落于左胯旁，掌心向下，指尖向前；同时右脚收回后即向前迈出，脚尖外撇；眼看前方。（图240）

（3）身体重心移至右腿上，左脚向前上步，脚跟着地；左手上起，经左侧向前上画弧拦出，掌心向前下方，同时右拳向右画弧收到右腰侧，拳心向上；眼看前方。（图241至图243）

（4）左腿前弓成左弓步；同时右拳向前打出，拳眼向上，高与胸平，左手附于右前臂里侧；眼看右拳方向。（图244）

要求：右拳不要握得太紧。右拳回收时，前臂要慢慢内旋画弧，然后再外旋停于右腰侧，拳心向上。向前出拳时，右肩随拳略向前引伸，沉肩坠肘，右臂要微屈。弓步时，两脚横向距离同“揽雀尾”式。

图240

图241

图 242

图 243

图 244

如封似闭

（1）左手由右腕下向前伸出，右拳变掌，两手逐渐翻转使手心向前下方，并慢慢分开回收；同时身体后坐，左脚尖翘起，身体重心移至右腿；眼看前方。（图 245、图 246）

图 245

图 246

（2）两手由胸前向下经腹前再向上、向前推出，腕部与肩平，手心向前；同时左腿弯曲成左弓步；眼看前方。（图 247、图 248）

要求：身体后坐时，避免后仰，臀部不可凸出。两臂随身体回收时，肩、肘部略向外松开，不要直着抽回。两手推出宽度不要超过两肩。

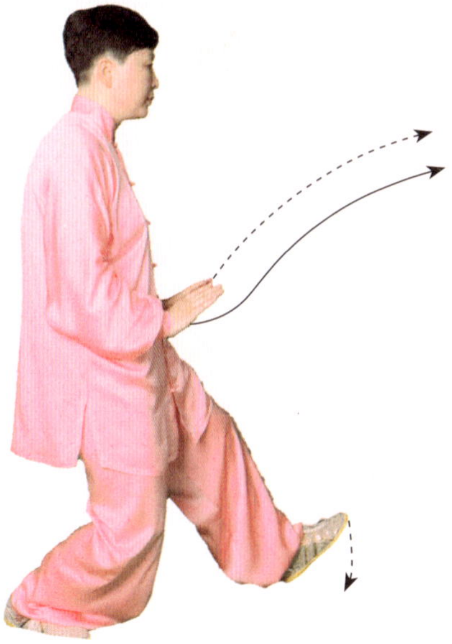

图 247

图 248

十字手

（1）屈膝后坐，身体重心移向右腿，左脚尖里扣，向右转体；右手随着转体动作向右平摆画弧，两臂侧平举，掌心向外，肘部微屈；同时右脚尖随着转体稍向外撇，成右侧弓步；眼看右手方向。（图 249、图 250）

图 249

图 250

（2）身体重心慢慢移至左腿，右脚尖里扣，随即向左收回，两脚距离与肩同宽，两腿逐渐蹬直，成开立步；同时两手向下经腹前向上画弧交叉合抱于胸前，成十字手，手心均向后，右手在外，两臂撑圆，腕高与肩平；眼看前方。（图251至图253）

要求：两手分开和合抱时，上体不要前俯。站起后，身体自然正直，头要微向上顶，下颌稍向后收。两臂环抱时须圆满舒适，沉肩坠肘。

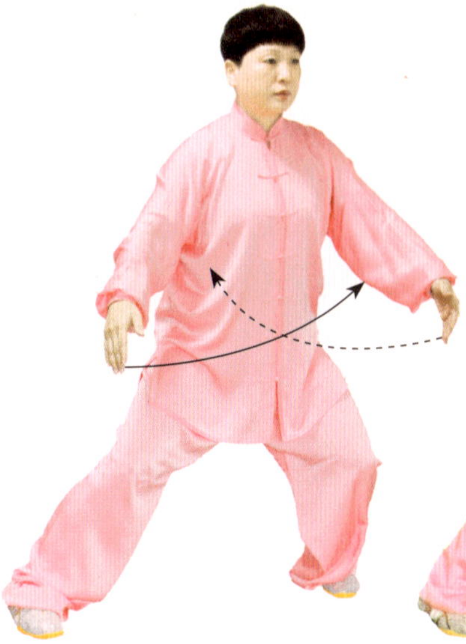

图 251

图 252

图 253

收势

两手向外翻掌，手心向下，两臂慢慢下落，停于身体两侧；眼看前方。（图 254 至图 257）

要求：两手左、右分开下落时，要注意全身放松，同时气也徐徐下沉。呼吸平稳后，把左脚收到右脚旁，再走动休息。

图 254

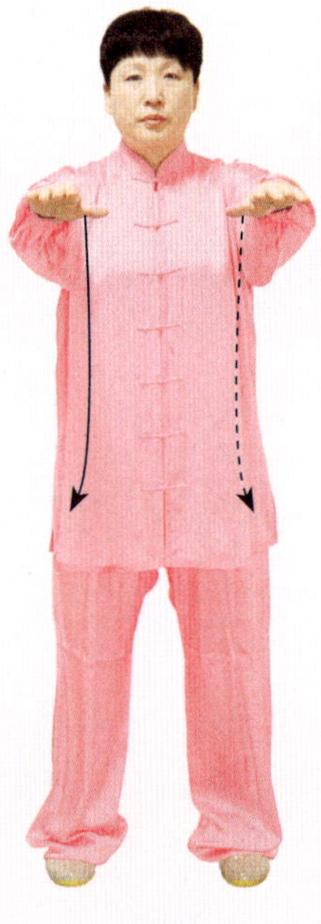

图 255

完整练习

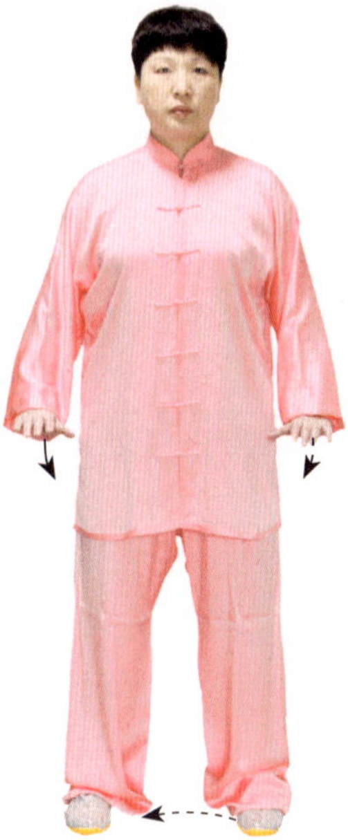

图 256

图 257

参考文献

[1]《武术》编写组 . 武术 [M]. 北京：人民体育出版社，1985.

[2] 阚桂香，门惠丰 . 太极拳推手对练套路 [M]. 北京：北京体育大学出版社，1995.

[3] 李德印 . 二十四式太极拳教与学 [M]. 北京：北京体育大学出版社，2017.

[4] 人民体育出版社 . 太极拳运动 [M]. 北京：人民体育出版社，1995.